TABELLA DELLE RICETTE

Cucinare è come fare l'amore. Dovrebbe essere fatto
con slancio, oppure è meglio lasciar perdere.

HARRIET VAN HORNE

TABELLA DELLE RICETTE

#	NOME DELLA RICETTA	NOTE
1		
2		
3		
4		
5		
6		
7		
8		
9		
10		
11		
12		
13		
14		
15		
16		
17		
18		
19		
20		
21		
22		
23		
24		
25		

Comincia sempre con una pentola più grande rispetto a quella che ritieni di aver bisogno.

TABELLA DELLE RICETTE

#	NOME DELLA RICETTA	NOTE
26		
27		
28		
29		
30		
31		
32		
33		
34		
35		
36		
37		
38		
39		
40		
41		
42		
43		
44		
45		
46		
47		
48		
49		
50		

La risata è più vivace nel luogo in cui si trova il cibo.
PROVERBIO IRLANDESE

TABELLA DELLE RICETTE

#	NOME DELLA RICETTA	NOTE
51		
52		
53		
54		
55		
56		
57		
58		
59		
60		
61		
62		
63		
64		
65		
66		
67		
68		
69		
70		
71		
72		
73		
74		
75		

L'unico vero ostacolo è la paura di fallire. In cucina è necessario avere un atteggiamento spensierato.

TABELLA DELLE RICETTE

#	NOME DELLA RICETTA	NOTE
76		
77		
78		
79		
80		
81		
82		
83		
84		
85		
86		
87		
88		
89		
90		
91		
92		
93		
94		
95		
96		
97		
98		
99		
100		

Troppi cuochi rovinano il brodo.
PROVERBIO CINESE

RICETTE

Perché esiste una pratica meno egoistica, un lavoro meno disagevole, del tempo meno sprecato che preparare qualcosa di delizioso e nutriente per le persone che ami?

01  RICETTA: _____

SERVIZIO	TEMPO DI PREPARAZIONE	TEMPO DI COTTURA	DATA

ISTRUZIONI

INGREDIENTI

NOTE:

02  RICETTA:

SERVIZIO	TEMPO DI PREPARAZIONE	TEMPO DI COTTURA	DATA

ISTRUZIONI

INGREDIENTI

NOTE:

03 RICETTA:

| SERVIZIO | TEMPO DI PREPARAZIONE | TEMPO DI COTTURA | DATA |

ISTRUZIONI

INGREDIENTI

NOTE:

04  RICETTA: _____

SERVIZIO	TEMPO DI PREPARAZIONE	TEMPO DI COTTURA	DATA

ISTRUZIONI

INGREDIENTI

NOTE:

05  RICETTA:

SERVIZIO	TEMPO DI PREPARAZIONE	TEMPO DI COTTURA	DATA

ISTRUZIONI

INGREDIENTI

NOTE:

06  RICETTA: _____

SERVIZIO	TEMPO DI PREPARAZIONE	TEMPO DI COTTURA	DATA

ISTRUZIONI

INGREDIENTI

NOTE:

07  RICETTA: _____

| SERVIZIO | TEMPO DI PREPARAZIONE | TEMPO DI COTTURA | DATA |

ISTRUZIONI

INGREDIENTI

NOTE:

08  RICETTA: _____

| SERVIZIO | TEMPO DI PREPARAZIONE | TEMPO DI COTTURA | DATA |

ISTRUZIONI

INGREDIENTI

NOTE:

09  RICETTA: _____

| SERVIZIO | TEMPO DI PREPARAZIONE | TEMPO DI COTTURA | DATA |

ISTRUZIONI

INGREDIENTI

NOTE:

10  RICETTA: _____

SERVIZIO	TEMPO DI PREPARAZIONE	TEMPO DI COTTURA	DATA

ISTRUZIONI | **INGREDIENTI**

NOTE:

11 RICETTA:

| SERVIZIO | TEMPO DI PREPARAZIONE | TEMPO DI COTTURA | DATA |

ISTRUZIONI

INGREDIENTI

NOTE:

12  RICETTA: _____

| SERVIZIO | TEMPO DI PREPARAZIONE | TEMPO DI COTTURA | DATA |

ISTRUZIONI

INGREDIENTI

NOTE:

13 RICETTA: _____

SERVIZIO	TEMPO DI PREPARAZIONE	TEMPO DI COTTURA	DATA

ISTRUZIONI

INGREDIENTI

NOTE:

14 RICETTA: _____

SERVIZIO	TEMPO DI PREPARAZIONE	TEMPO DI COTTURA	DATA

ISTRUZIONI

INGREDIENTI

NOTE:

15  RICETTA:

SERVIZIO	TEMPO DI PREPARAZIONE	TEMPO DI COTTURA	DATA

ISTRUZIONI

INGREDIENTI

NOTE:

16  RICETTA: _____

SERVIZIO	TEMPO DI PREPARAZIONE	TEMPO DI COTTURA	DATA

ISTRUZIONI	INGREDIENTI

NOTE:

17 RICETTA: _____

SERVIZIO	TEMPO DI PREPARAZIONE	TEMPO DI COTTURA	DATA

ISTRUZIONI	INGREDIENTI

NOTE:

18 RICETTA: _____

SERVIZIO	TEMPO DI PREPARAZIONE	TEMPO DI COTTURA	DATA

ISTRUZIONI	INGREDIENTI

NOTE:

19  RICETTA: _____

| SERVIZIO | TEMPO DI PREPARAZIONE | TEMPO DI COTTURA | DATA |

ISTRUZIONI

INGREDIENTI

NOTE:

20  RICETTA: _____

SERVIZIO	TEMPO DI PREPARAZIONE	TEMPO DI COTTURA	DATA

ISTRUZIONI | **INGREDIENTI**

NOTE:

21  RICETTA: _____

SERVIZIO	TEMPO DI PREPARAZIONE	TEMPO DI COTTURA	DATA

ISTRUZIONI | **INGREDIENTI**

NOTE:

22  RICETTA: _____

SERVIZIO	TEMPO DI PREPARAZIONE	TEMPO DI COTTURA	DATA

ISTRUZIONI | **INGREDIENTI**

NOTE:

23 RICETTA:

SERVIZIO	TEMPO DI PREPARAZIONE	TEMPO DI COTTURA	DATA

ISTRUZIONI

INGREDIENTI

NOTE:

24  RICETTA: _____

SERVIZIO	TEMPO DI PREPARAZIONE	TEMPO DI COTTURA	DATA

ISTRUZIONI | INGREDIENTI

NOTE:

25  RICETTA: _____

| SERVIZIO | TEMPO DI PREPARAZIONE | TEMPO DI COTTURA | DATA |

ISTRUZIONI

INGREDIENTI

NOTE:

26  RICETTA: _____

SERVIZIO	TEMPO DI PREPARAZIONE	TEMPO DI COTTURA	DATA

ISTRUZIONI | **INGREDIENTI**

NOTE:

27  RICETTA:

| SERVIZIO | TEMPO DI PREPARAZIONE | TEMPO DI COTTURA | DATA |

ISTRUZIONI

INGREDIENTI

NOTE:

28  RICETTA: _____

SERVIZIO	TEMPO DI PREPARAZIONE	TEMPO DI COTTURA	DATA

ISTRUZIONI	INGREDIENTI

NOTE:

29  RICETTA:

SERVIZIO	TEMPO DI PREPARAZIONE	TEMPO DI COTTURA	DATA

ISTRUZIONI

INGREDIENTI

NOTE:

30  RICETTA:

| SERVIZIO | TEMPO DI PREPARAZIONE | TEMPO DI COTTURA | DATA |

ISTRUZIONI

INGREDIENTI

NOTE:

31  RICETTA:

SERVIZIO	TEMPO DI PREPARAZIONE	TEMPO DI COTTURA	DATA

ISTRUZIONI

INGREDIENTI

NOTE:

RICETTA: _____

SERVIZIO	TEMPO DI PREPARAZIONE	TEMPO DI COTTURA	DATA

ISTRUZIONI | **INGREDIENTI**

NOTE:

33  RICETTA: _____

| SERVIZIO | TEMPO DI PREPARAZIONE | TEMPO DI COTTURA | DATA |

ISTRUZIONI

INGREDIENTI

NOTE:

34  RICETTA:

| SERVIZIO | TEMPO DI PREPARAZIONE | TEMPO DI COTTURA | DATA |

ISTRUZIONI

INGREDIENTI

NOTE:

35  RICETTA: _____

SERVIZIO	TEMPO DI PREPARAZIONE	TEMPO DI COTTURA	DATA

ISTRUZIONI

INGREDIENTI

NOTE:

36  RICETTA: _____

SERVIZIO	TEMPO DI PREPARAZIONE	TEMPO DI COTTURA	DATA

ISTRUZIONI	INGREDIENTI

NOTE:

37 RICETTA:

SERVIZIO	TEMPO DI PREPARAZIONE	TEMPO DI COTTURA	DATA

ISTRUZIONI

INGREDIENTI

NOTE:

38  RICETTA:

SERVIZIO	TEMPO DI PREPARAZIONE	TEMPO DI COTTURA	DATA

ISTRUZIONI

INGREDIENTI

NOTE:

39  RICETTA:

SERVIZIO	TEMPO DI PREPARAZIONE	TEMPO DI COTTURA	DATA

ISTRUZIONI

INGREDIENTI

NOTE:

40  RICETTA: _____

SERVIZIO	TEMPO DI PREPARAZIONE	TEMPO DI COTTURA	DATA

ISTRUZIONI	INGREDIENTI

NOTE:

41

RICETTA: _____

| SERVIZIO | TEMPO DI PREPARAZIONE | TEMPO DI COTTURA | DATA |

ISTRUZIONI

INGREDIENTI

NOTE:

RICETTA: _____

SERVIZIO	TEMPO DI PREPARAZIONE	TEMPO DI COTTURA	DATA

ISTRUZIONI **INGREDIENTI**

NOTE:

43

RICETTA:

SERVIZIO	TEMPO DI PREPARAZIONE	TEMPO DI COTTURA	DATA

ISTRUZIONI

INGREDIENTI

NOTE:

RICETTA:

SERVIZIO	TEMPO DI PREPARAZIONE	TEMPO DI COTTURA	DATA

ISTRUZIONI

INGREDIENTI

NOTE:

45 RICETTA:

SERVIZIO	TEMPO DI PREPARAZIONE	TEMPO DI COTTURA	DATA

ISTRUZIONI

INGREDIENTI

NOTE:

46  RICETTA: _____

| SERVIZIO | TEMPO DI PREPARAZIONE | TEMPO DI COTTURA | DATA |

ISTRUZIONI

INGREDIENTI

NOTE:

47  RICETTA:

SERVIZIO	TEMPO DI PREPARAZIONE	TEMPO DI COTTURA	DATA

ISTRUZIONI

INGREDIENTI

NOTE:

48  RICETTA: _____

SERVIZIO	TEMPO DI PREPARAZIONE	TEMPO DI COTTURA	DATA

ISTRUZIONI

INGREDIENTI

NOTE:

RICETTA:

SERVIZIO	TEMPO DI PREPARAZIONE	TEMPO DI COTTURA	DATA

ISTRUZIONI

INGREDIENTI

NOTE:

50  RICETTA:

SERVIZIO	TEMPO DI PREPARAZIONE	TEMPO DI COTTURA	DATA

ISTRUZIONI | **INGREDIENTI**

NOTE:

51  RICETTA:

SERVIZIO	TEMPO DI PREPARAZIONE	TEMPO DI COTTURA	DATA

ISTRUZIONI

INGREDIENTI

NOTE:

52   RICETTA: _____

SERVIZIO	TEMPO DI PREPARAZIONE	TEMPO DI COTTURA	DATA

ISTRUZIONI | **INGREDIENTI**

NOTE:

53  RICETTA: _____

SERVIZIO	TEMPO DI PREPARAZIONE	TEMPO DI COTTURA	DATA

ISTRUZIONI

INGREDIENTI

NOTE:

54 RICETTA: _____

| SERVIZIO | TEMPO DI PREPARAZIONE | TEMPO DI COTTURA | DATA |

ISTRUZIONI

INGREDIENTI

NOTE:

55  RICETTA:

| SERVIZIO | TEMPO DI PREPARAZIONE | TEMPO DI COTTURA | DATA |

ISTRUZIONI

INGREDIENTI

NOTE:

56  RICETTA: _____

SERVIZIO	TEMPO DI PREPARAZIONE	TEMPO DI COTTURA	DATA

ISTRUZIONI	INGREDIENTI

NOTE:

57 RICETTA: _____

SERVIZIO	TEMPO DI PREPARAZIONE	TEMPO DI COTTURA	DATA

ISTRUZIONI

INGREDIENTI

NOTE:

RICETTA:

SERVIZIO	TEMPO DI PREPARAZIONE	TEMPO DI COTTURA	DATA

ISTRUZIONI

INGREDIENTI

NOTE:

59  RICETTA: _____

| SERVIZIO | TEMPO DI PREPARAZIONE | TEMPO DI COTTURA | DATA |

ISTRUZIONI

INGREDIENTI

NOTE:

60  RICETTA: _____

SERVIZIO	TEMPO DI PREPARAZIONE	TEMPO DI COTTURA	DATA

ISTRUZIONI

INGREDIENTI

NOTE:

61  RICETTA:

SERVIZIO	TEMPO DI PREPARAZIONE	TEMPO DI COTTURA	DATA

ISTRUZIONI

INGREDIENTI

NOTE:

RICETTA:

SERVIZIO	TEMPO DI PREPARAZIONE	TEMPO DI COTTURA	DATA

ISTRUZIONI	INGREDIENTI

NOTE:

63 RICETTA:

SERVIZIO	TEMPO DI PREPARAZIONE	TEMPO DI COTTURA	DATA

ISTRUZIONI

INGREDIENTI

NOTE:

RICETTA: _____

SERVIZIO	TEMPO DI PREPARAZIONE	TEMPO DI COTTURA	DATA

ISTRUZIONI

INGREDIENTI

NOTE:

65 RICETTA: _____

SERVIZIO	TEMPO DI PREPARAZIONE	TEMPO DI COTTURA	DATA

ISTRUZIONI

INGREDIENTI

NOTE:

RICETTA: _____

| SERVIZIO | TEMPO DI PREPARAZIONE | TEMPO DI COTTURA | DATA |

ISTRUZIONI

INGREDIENTI

NOTE:

67  RICETTA:

SERVIZIO	TEMPO DI PREPARAZIONE	TEMPO DI COTTURA	DATA

ISTRUZIONI

INGREDIENTI

NOTE:

68

RICETTA: _____

SERVIZIO	TEMPO DI PREPARAZIONE	TEMPO DI COTTURA	DATA

ISTRUZIONI	INGREDIENTI

NOTE:

69  RICETTA:

| SERVIZIO | TEMPO DI PREPARAZIONE | TEMPO DI COTTURA | DATA |

ISTRUZIONI

INGREDIENTI

NOTE:

70 RICETTA: _____

SERVIZIO	TEMPO DI PREPARAZIONE	TEMPO DI COTTURA	DATA

ISTRUZIONI

INGREDIENTI

NOTE:

71  RICETTA: _____

SERVIZIO	TEMPO DI PREPARAZIONE	TEMPO DI COTTURA	DATA

ISTRUZIONI

INGREDIENTI

NOTE:

RICETTA: _____

SERVIZIO	TEMPO DI PREPARAZIONE	TEMPO DI COTTURA	DATA

ISTRUZIONI

INGREDIENTI

NOTE:

73  RICETTA: _____

| SERVIZIO | TEMPO DI PREPARAZIONE | TEMPO DI COTTURA | DATA |

ISTRUZIONI

INGREDIENTI

NOTE:

RICETTA:

SERVIZIO	TEMPO DI PREPARAZIONE	TEMPO DI COTTURA	DATA

ISTRUZIONI

INGREDIENTI

NOTE:

75 RICETTA:

| SERVIZIO | TEMPO DI PREPARAZIONE | TEMPO DI COTTURA | DATA |

ISTRUZIONI

INGREDIENTI

NOTE:

RICETTA:

SERVIZIO	TEMPO DI PREPARAZIONE	TEMPO DI COTTURA	DATA

ISTRUZIONI

INGREDIENTI

NOTE:

77 RICETTA: _____

SERVIZIO	TEMPO DI PREPARAZIONE	TEMPO DI COTTURA	DATA

ISTRUZIONI

INGREDIENTI

NOTE:

RICETTA: _____

SERVIZIO	TEMPO DI PREPARAZIONE	TEMPO DI COTTURA	DATA

ISTRUZIONI	INGREDIENTI

NOTE:

79  RICETTA: _____

SERVIZIO	TEMPO DI PREPARAZIONE	TEMPO DI COTTURA	DATA

ISTRUZIONI

INGREDIENTI

NOTE:

80  RICETTA: _____

SERVIZIO	TEMPO DI PREPARAZIONE	TEMPO DI COTTURA	DATA

ISTRUZIONI **INGREDIENTI**

NOTE:

RICETTA：

SERVIZIO	TEMPO DI PREPARAZIONE	TEMPO DI COTTURA	DATA

ISTRUZIONI

INGREDIENTI

NOTE:

82  RICETTA:

SERVIZIO	TEMPO DI PREPARAZIONE	TEMPO DI COTTURA	DATA

ISTRUZIONI

INGREDIENTI

NOTE:

83 RICETTA:

| SERVIZIO | TEMPO DI PREPARAZIONE | TEMPO DI COTTURA | DATA |

ISTRUZIONI

INGREDIENTI

NOTE:

84  RICETTA: _____

| SERVIZIO | TEMPO DI PREPARAZIONE | TEMPO DI COTTURA | DATA |

ISTRUZIONI

INGREDIENTI

NOTE:

85  RICETTA:

SERVIZIO	TEMPO DI PREPARAZIONE	TEMPO DI COTTURA	DATA

ISTRUZIONI

INGREDIENTI

NOTE:

RICETTA: _____

| SERVIZIO | TEMPO DI PREPARAZIONE | TEMPO DI COTTURA | DATA |

ISTRUZIONI

INGREDIENTI

NOTE:

RICETTA: _____

SERVIZIO	TEMPO DI PREPARAZIONE	TEMPO DI COTTURA	DATA

ISTRUZIONI

INGREDIENTI

NOTE:

RICETTA: _____

| SERVIZIO | TEMPO DI PREPARAZIONE | TEMPO DI COTTURA | DATA |

ISTRUZIONI

INGREDIENTI

NOTE:

89

RICETTA: _____

SERVIZIO	TEMPO DI PREPARAZIONE	TEMPO DI COTTURA	DATA

ISTRUZIONI | **INGREDIENTI**

NOTE:

90

RICETTA: _____

SERVIZIO	TEMPO DI PREPARAZIONE	TEMPO DI COTTURA	DATA

ISTRUZIONI	INGREDIENTI

NOTE:

91  RICETTA:

SERVIZIO	TEMPO DI PREPARAZIONE	TEMPO DI COTTURA	DATA

ISTRUZIONI

INGREDIENTI

NOTE:

92  **RICETTA:** _____

SERVIZIO	TEMPO DI PREPARAZIONE	TEMPO DI COTTURA	DATA

ISTRUZIONI

INGREDIENTI

NOTE:

93  RICETTA: ___

SERVIZIO	TEMPO DI PREPARAZIONE	TEMPO DI COTTURA	DATA

ISTRUZIONI

INGREDIENTI

NOTE:

94

RICETTA: _____

SERVIZIO	TEMPO DI PREPARAZIONE	TEMPO DI COTTURA	DATA

ISTRUZIONI

INGREDIENTI

NOTE:

RICETTA: _____

| SERVIZIO | TEMPO DI PREPARAZIONE | TEMPO DI COTTURA | DATA |

ISTRUZIONI

INGREDIENTI

NOTE:

RICETTA: _____

SERVIZIO	TEMPO DI PREPARAZIONE	TEMPO DI COTTURA	DATA

ISTRUZIONI

INGREDIENTI

NOTE:

97  RICETTA:

| SERVIZIO | TEMPO DI PREPARAZIONE | TEMPO DI COTTURA | DATA |

ISTRUZIONI

INGREDIENTI

NOTE:

RICETTA:

SERVIZIO	TEMPO DI PREPARAZIONE	TEMPO DI COTTURA	DATA

ISTRUZIONI

INGREDIENTI

NOTE:

99  RICETTA:

SERVIZIO	TEMPO DI PREPARAZIONE	TEMPO DI COTTURA	DATA

ISTRUZIONI

INGREDIENTI

NOTE:

RICETTA:

SERVIZIO	TEMPO DI PREPARAZIONE	TEMPO DI COTTURA	DATA

ISTRUZIONI | **INGREDIENTI**

NOTE: